I0844783

KAPITEL 0: EINLEITUNG

Warum in Weine investieren? Wie geht man vor und mit welchen Methoden? Wie bewertet man einen edlen Wein? Wie kann man Geld verdienen und Gewinne mit edlen Weinen erzielen? In diesem umfassenden Leitfaden, der aus einem strategischen und einem operativen Teil besteht, geben wir den Lesern Antworten auf die häufigsten Fragen. Darüber hinaus wird Schritt für Schritt erläutert, wie man in das investiert, was als "rotes Gold" bezeichnet wird. Dies ist ein sehr spezieller Markt, der zahlreiche Vorteile bietet, aber spezifische technische Fähigkeiten erfordert, um Fehler zu minimieren und ein diversifiziertes und profitables Anlageportfolio aufzubauen. Das Ziel dieser Arbeit ist es auch, Diversifikation, Risiken und Erträge zu analysieren sowie die "Grundlagen" zu erklären, um zu prüfen, ob die Integration von Wein in ein Portfolio tatsächlich vorteilhaft ist. Darüber hinaus zielt dieser praktische Leitfaden darauf ab, sich unmittelbar mit verschiedenen Fragen zu befassen, die Investitionen in edle Weine betreffen, einschließlich deren Interaktion mit Börsenindizes, und zu klären, ob Investitionen in edle Weine in der aktuellen Phase der Marktvolatilität und Unsicherheit als Absicherung gegen eine Rezession dienen können.

Es gibt verschiedene Möglichkeiten, in Wein zu investieren: Wir versuchen zu verstehen, wie. Der Kauf realer Vermögenswerte ist einer der neuesten Trends für große und kleine Investoren. Ist es ähnlich wie, ein Gemälde oder Goldbarren zu besitzen, einige Flaschen guten Weins zu Hause zu haben? Sicherlich gehört diese Investition sowohl zur emotionalen als auch zur finanziellen Sphäre, wo eine Flasche mehrere Tausend Euro kosten kann, ganz zu schweigen von äußerst seltenen Antiquitäten. Die Renditen, die diese "Assets" bieten können, sind oft weitaus höher als bei anderen traditionelleren Finanztransaktionen. Aber wie macht man das? Hier sind einige grundlegende Ratschläge. Es gibt Regeln zu beachten, sowohl in enologischer als auch in finanzieller Hinsicht. Bevor wir jedoch ins Detail gehen, stellen wir zunächst die Grundprinzipien vor, eine Art Zehn-Gebote des Weininvestments:

Erstes Gebot: Die Regel der Knappheit. Warst du schon mal in einem Nachtclub? Wenn du dich fragst, was Nachtclubs mit einem Buch über Investitionen in edlen Wein zu tun haben, keine Sorge, du bist hier richtig, ganz im Gegenteil, du bist auf dem richtigen Weg und ich werde dir das Geheimnis sofort enthüllen, ohne viele Umschweife. Bevor ich jedoch eine andere Frage stelle: Wenn in einem Club eine attraktive Frau wäre, eine, die dich bereits auf den ersten Blick nicht kalt lässt, würdest du den

Wunsch und das Verlangen haben, sie kennenzulernen, das Eis zu brechen, ihr vielleicht einen Drink anzubieten? Mit anderen Worten, einen klugen und schnellen Weg zu finden, sich ihr anzunähern, um ein Gespräch zu beginnen. Nun gut, in der Theorie klingt das alles schön und richtig, aber in der Praxis? Wie gut bist du im Umgang mit Frauen? Ich erwarte natürlich keine spezifische Antwort dazu, ich möchte dich nur zum Nachdenken anregen. Zum Beispiel, wenn im selben Club nur eine Frau und hundert Männer wären, was würde sich ändern? Ich sage es dir: In diesem Fall würde es nicht mehr nur darauf ankommen, wie attraktiv, reich oder sympathisch du bist, denn in diesem Club gäbe es immer nur ein Mädchen, und die überwiegende Mehrheit der Männer, die sich im Inneren des Clubs befinden, müsste erkennen, dass sie auf dem Trockenen sitzen bleiben. Hier ist das erste Gebot der Bibel der Weininvestitionen: das Prinzip der Seltenheit. Hier kommt eines der grundlegenden Prinzipien des Marketings und der Wirtschaft im Allgemeinen ins Spiel, nämlich das Prinzip der Knappheit, das wir durchaus als eine "überzeugende Technik" betrachten. Genauer gesagt, wird beim potenziellen Kunden ein Gefühl der Dringlichkeit hervorgerufen, da ein bestimmtes Gut zur Neige geht. Mit anderen Worten, der Knappheitsfaktor sorgt dafür, dass diese Weine mit abnehmender Verfügbarkeit auf dem Markt immer höhere Preise erzielen. Edler Wein ist ein begrenztes Gut, das zwangsläufig mit den Jahren abnimmt. Gleichzeitig ist es ebenso wahr, dass Wein im Gegensatz zu vielen anderen Luxusgütern dazu neigt, im Wert zu steigen, da nur eine bestimmte Anzahl von Flaschen produziert wird. Im Gegensatz zu anderen Luxusgütern hat edler Wein jedoch eine Eigenschaft, die ihn eindeutig auszeichnet: Er wird hergestellt, um konsumiert zu werden. Daher ist es offensichtlich, dass im Laufe der Zeit immer weniger Exemplare eines Weins auf dem Markt verfügbar sein werden, der als großartig betrachtet wird.

Zweites Gebot: Die Regel des Jahrgangs. Ein weiterer Faktor ist die Variation des Jahrgangs. Beginnen wir damit zu sagen, dass verschiedenen Jahrgängen ebenso unterschiedliche Weine entsprechen. Zweitens, halten wir einen weiteren Schlüsselbegriff fest: Perfekte Wetterbedingungen während des Wachstums- und Reifezeitraums der Trauben können bemerkenswerte Weine hervorbringen, die höhere Preise auf dem Markt erzielen können. Im Laufe der Zeit können diese Weine zu echten Klassikern werden und sowohl von Sammlern als auch von Verbrauchern stark nachgefragt werden.

Drittes Gebot: Die Regel der Marke. Einige Weine können aufgrund ihrer Marke besonders hohe Preise erzielen. Dies sind Weine, die relativ begrenzt produziert werden und bei Sammlern äußerst beliebt sind.

Viertes Gebot: Die Regel der Klassifizierung. Die Klassifizierung des Weins kann nach verschiedenen Methoden erfolgen, darunter der Herkunftsort, die Bezeichnung, die Vinifikationsmethoden und der Stil, die Süße und der Jahrgang oder die verwendete Rebsorte. Die Praktiken variieren sowohl räumlich in verschiedenen Ländern und Ursprungsregionen als auch zeitlich, da sich viele Praktiken im Laufe der Zeit verändert haben.

Fünftes Gebot: Die Regel der Langlebigkeit. Sammlerweine können Jahrzehnte alt werden und trinkbar bleiben. Der Geschmack entwickelt sich während der verschiedenen Reifungsphasen unterschiedlich. Dies ist der Faktor, der den Weinpreis im Laufe der Zeit erhöht und somit Gewinne für diejenigen ermöglicht, die bereit sind, ihr Geld für Jahre zu binden und es dann an jemanden zu verkaufen, der ihn sofort konsumieren möchte.

Sechstes Gebot: Die Regel der internationalen Kritiker. Wenn Sie beschlossen haben, in Wein zu investieren, sollten Sie den Kritikern wie Robert Parker, James Suckling oder James Laube besondere Aufmerksamkeit schenken. Ihre Bewertungen können den Wert eines Etiketts erheblich beeinflussen.

Siebtes Gebot: Die Regel der Bewertungen. Die "Punkte-Preis"-Verbindung ist entscheidend. Klassen, die besonders aufmerksam zu verfolgen sind, sind diejenigen mit 100 Punkten, die Perfektion darstellen. Die Klasse der Weine mit 99 Punkten, die fast perfekt sind. Die Klasse der Weine mit 95 bis 98 Punkten sollte sorgfältig bewertet werden. Natürlich sprechen wir hier von Weinen, die niemals die Preise derjenigen erreichen werden, die 99 bis 100 Punkte erreichen, da es praktisch unmöglich ist, dass spätere Verkostungen zu einem so hohen Punktzuwachs führen. Dennoch sind dies Weine, die im Laufe der Zeit an Wert gewinnen und im Vergleich zu Weinen mit 99/100 Punkten eine viel größere Nachfrage und Angebot haben, da sie zu niedrigeren Preisen erhältlich sind und dennoch von höchster Qualität sind.

Achtes Gebot: Die Regel des Portfolio-Diversifikators: Die Geschichte hat gezeigt, dass die Aktienmärkte dazu neigen, sich in turbulenten Zeiten eng zu korrelieren (dies wird im Verlauf dieser Abhandlung genauer erklärt).

Neuntes Gebot: Die Regel der Inflationsabsicherung: Der Preis auf dem Weinmarkt tendiert dazu, während einer höheren Inflation zu steigen, was darauf hindeutet, dass Wein eine effektive Absicherung gegen steigende Inflation bieten kann.

Zehntes Gebot: Die Regel der Besteuerung. Wenn man sich die derzeitigen Bestimmungen ansieht, wird schnell klar, dass Wein nicht zu den "Kapitalerträgen" gehört (es wird jedoch empfohlen, sich an Ihren Vertrauensberater zu wenden, da es sich um eine komplexe Regelung handelt).

Bitte beachten Sie, dass dies eine längere Übersetzung ist und einige Feinheiten möglicherweise nicht exakt wiedergegeben werden können. Es ist ratsam, den Text einem Muttersprachler zur Überprüfung zu geben, um sicherzustellen, dass die Übersetzung korrekt ist.

KAPITEL 1: WARUM IN WEINE INVESTIEREN?

Um die Frage, die wir uns in diesem ersten Kapitel stellen (warum in Weine investieren?), umfassend zu beantworten, ist es notwendig, das Konzept von Safe-Haven-Anlagen einzuführen. Zuerst erklären wir in äußerst knapper Form und einfachen Worten, was sie sind und wozu sie dienen. Safe-Haven-Anlagen sind Investitionen in Vermögenswerte, deren Wert im Laufe der Jahre tendenziell stabil bleibt. Sie sind weniger anfällig für Schwankungen, die durch externe Faktoren verursacht werden, und behalten daher einen realen Wert, der sie vor Inflation schützt und auch in turbulenten Marktphasen bestehen bleibt. Darüber hinaus zeichnen sich Safe-Haven-Anlagen dadurch aus, dass sie ihren realen Wert auch in besonders widrigen historischen Szenarien wie souveränen Zahlungsausfällen, Kriegen oder Epidemien beibehalten. Diese Vermögenswerte weisen in einigen Fällen eine geringe, teilweise sogar negative, Korrelation zu anderen Arten von Investitionen auf, wie beispielsweise Aktien und Anleihen. Aus diesem Grund sind sie von großem Interesse und erfordern eine gründliche Bewertung, da sie eine sichere Alternative in wirtschaftlichen und finanziellen Kontexten darstellen, die von hoher Instabilität und Unsicherheit geprägt sind.

In aller Kürze können wir feststellen, dass Safe-Haven-Anlagen folgende positive Eigenschaften aufweisen:

Sie schützen das investierte Kapital.

Sie fördern die Diversifizierung des Anlageportfolios.

Sie weisen eine geringe Korrelation zu anderen "Asset-Klassen" auf.

Sie neigen dazu, in Zeiten wirtschaftlicher Krisen, Pandemien und Kriege an Wert zu gewinnen.

Mit anderen Worten bieten diese Vermögenswerte den Investoren die Möglichkeit, in Zeiten negativer Marktentwicklungen ihren Reichtum zu schützen und zu bewahren. In diesem Fall sprechen wir explizit von Safe-Haven-Anlagen als Risikodiversifikator. Gleichzeitig tragen Safe-Haven-Anlagen dazu bei, das Verhältnis zwischen Risiko und Rendite von Anlageportfolios in Zeiten turbulenter Märkte zu verbessern.

Nachdem wir nun die Bedeutung von Safe-Haven-Anlagen erfasst haben, besteht der nächste Schritt darin, die Verbindung zwischen diesem wichtigen Konzept und der Welt der Weine zu verstehen. Um diese weitere Frage zu klären, präsentieren wir im Folgenden eine Klassifizierung von Safe-Haven-Anlagen:

Immobilien und Grundstücke

Edelmetalle wie Gold, Silber, Platin und Palladium

"Starke" Währungen, die weniger anfällig für Abwertungsrisiken sind

Staatsanleihen mit geringem Risiko

Kunstobjekte wie Gemälde und Skulpturen

Sammlerstücke wie klassische Autos, Briefmarken, Diamanten und Edelsteine

Edle Weine

Aus dieser Klassifizierung und der praktischen Verständnis des Konzepts von Safe-Haven-Anlagen ergibt sich bereits eine Antwort auf unsere zweite Frage: Welche Verbindung besteht zwischen Safe-Haven-Anlagen und der Welt der hochwertigen Weine? Die Antwort ist ebenso klar wie einfach: Hochwertiger Wein ist in jeder Hinsicht eine Safe-Haven-Anlage. Obwohl Wein eine lange Geschichte hat und es zahlreiche vielfältige

Veröffentlichungen zu diesem Thema gibt, hat die Beliebtheit und Nutzung von hochwertigem Wein als alternative Investition erst kürzlich ihren Höhepunkt erreicht. Im Folgenden nennen wir die Faktoren, die den Anstieg der Popularität von Wein als Investitionsinstrument begründet haben:

Neue aufstrebende Märkte und die zunehmende Obsession für Wein auf dem asiatischen Markt

Verbesserung des Lebensstandards und der Fähigkeit, Luxusgüter zu kaufen

Hochwertiger Wein wird als "Statussymbol" konsumiert, um "Erfolg zu zeigen"

Der sogenannte "emotionale Dividenden" durch den Besitz eines solchen Vermögenswerts

Der "ästhetische Wert", d. h. Weine können zur gemeinsamen Freude gezeigt werden, selbst wenn sie im Besitz des Eigentümers bleiben

Eitelkeit und die Fähigkeit, anderen zu zeigen, dass man einen Vermögenswert besitzt, den die meisten Menschen sich nicht leisten können

Die Renditen aus Weininvestitionen haben nachweislich die Renditen von Aktien und Anleihen sowie die von einer Reihe anderer alternativer Anlagen übertroffen

Begünstigte Steuerregelungen: Mit anderen Worten unterliegen Weininvestitionen im Vergleich zu Aktien und Anleihen keiner spezifischen Kapitalgewinnsteuer

Insgesamt sind wir bereits mitten im Kern dieses Kapitels, das sich damit befasst, warum man in hochwertige Weine investieren sollte. Implizit haben wir bereits einige Antworten gegeben, aber in diesem Abschnitt der Abhandlung möchten wir noch spezifischer und detaillierter werden. Wir werden die positiven Merkmale von Investitionen in hochwertige Weine genauer erläutern. Dazu gehören:

Die positive Auswirkung der Alterung auf die Weinpreise. Mit den Jahren reift der Wein und wird unbestreitbar seltener, was zu einer Preiserhöhung durch die Verringerung des Angebots führt.

Der Kapitalzuwachs, der mit dem Verkauf von hochwertigen Weinflaschen verbunden ist, unterliegt keiner Besteuerung, da Wein als verderblicher Vermögenswert betrachtet wird.

Wein hat ein begrenztes Angebot, das mit der Zeit zwangsläufig abnimmt.

Bewertungen von angesehenen Kritikern, die den Wein bewerten.

Geringe Korrelation zu anderen Investitionen ist einer der Hauptvorteile.
Geringere Preisschwankungen im Vergleich zum Aktienmarkt.

Konstante Renditen im Laufe der Zeit.

Die Bedeutung, dass die Investition "hochwertig" ist und im Falle eines Scheiterns konsumiert werden kann.

Es ist klar, dass die Bewertung einer hochwertigen Weinflasche sowohl eine Metrik als auch tiefgreifende Kenntnisse erfordert, um einen bewussten und profitablen Kauf einer oder mehrerer Etiketten zu tätigen. Ein sehr nützliches Instrument ist die fundamentale Analyse, die oft für Aktien verwendet wird und das Ziel verfolgt, die Gültigkeit einer Investition zu beurteilen. Um dies zu verstehen, muss eine Schätzung des "fairen Werts" vorgenommen werden, d.h. des intrinsischen, korrekten Werts der zu prüfenden Flasche. Sobald der "faire Wert" ermittelt wurde, muss er mit dem aktuellen Preis, dem "Marktwert", verglichen werden. Der Vergleich ermöglicht es uns zu verstehen, ob eine hochwertige Weinflasche unterbewertet ist (Marktwert < fairer Wert) oder überbewertet ist (Marktwert > fairer Wert). Wenn ein Etikett unterbewertet ist (Marktwert niedriger als der intrinsische Wert), haben wir eine Investitionsmöglichkeit gefunden. In der fundamentalen Analyse von Aktien werden makroökonomische Daten und mikroökonomische Daten analysiert, um den "fairen Wert" zu erkennen. Makroökonomische Elemente betreffen Indikatoren des gesamten Systems, die sogenannten "Marktveränderer", deren

Entwicklung den Preis von "Vermögenswerten" beeinflusst. Beispiele für solche Indikatoren sind das BIP und die Inflationsrate. Mikroökonomische Elemente analysieren Unternehmensinformationen, um deren Stärke und Rentabilität zu bewerten und zu überwachen. In der Mikroökonomie werden die folgenden Aspekte analysiert: die Strategie des Zielunternehmens (das, dessen intrinsischer Wert geschätzt werden soll), die allgemeine wirtschaftliche und branchenspezifische Analyse des Unternehmens, die Jahresbilanz. Ziel dieser Analyse ist es, die Zahlungsströme zu identifizieren, die in den verschiedenen Bewertungsmethoden verwendet werden sollen (freier Cashflow, Dividenden, außerordentliches operatives Ergebnis); Bilanzkennzahlen (ROA-, ROE-, ROI-Indizes) werden verglichen mit historischen Daten desselben oder von Ziel- oder Wettbewerbsunternehmen; Weitere Indizes und Methoden zur Ermittlung des fairen Werts sind Marktmultiples und Cashflow-Analysen. Wie an der Börse gibt es auch für den Weinsektor Schlüsselindikatoren, die in den nächsten Kapiteln dieser Abhandlung erläutert werden. Es ist jetzt wichtig zu verstehen, warum wir die fundamentale Analyse verwenden. Kurz gesagt, das Ziel ist es, Vorhersagen über zukünftige Preisbewegungen, Stabilität und zukünftige Ergebnisse eines Unternehmens und seiner Aktien zu treffen. Hochwertiger Wein kann als wertvolle Unterstützung betrachtet werden, die uns ein erhebliches

Wachstumspotenzial sowie eine interessante Diversifizierungsmöglichkeit für unser Investitionsportfolio bieten kann. In den kommenden Kapiteln werden wir auch die Vor- und Nachteile, die Vorzüge und die Herausforderungen aller möglichen Finanzaktivitäten im Zusammenhang mit hochwertigem Wein im Detail betrachten, Investitionen analysieren und verschiedene Diversifizierungsstrategien praktisch bewerten. Um die Techniken und Methoden zu verstehen, müssen wir einige Schlüsselbegriffe erlernen, die uns im weiteren Verlauf dieser Abhandlung sehr nützlich sein werden. Wir haben bereits über das Konzept von Safe-Haven-Anlagen gesprochen, d.h. über die Kategorie von Vermögenswerten, die der Sparer als in der Lage ansieht, seinen realen Reichtum im Laufe der Zeit zu erhalten und in Zeiten von Inflation den realen Wert des erworbenen Objekts zu bewahren. Safe-Haven-Anlagen sind nicht von Kapitalverlusten aufgrund von Preisschwankungen betroffen, da sie der Abwertung entgehen oder ihr in viel geringerem Maße unterliegen als flüssiges Geld. Daher werden sie nachgefragt, da sie als weniger anfällig für die Auswirkungen einer wirtschaftlichen Finanzkrise gelten. Lassen Sie uns jetzt das Konzept der Inflation genauer verstehen. In wirtschaftlicher Hinsicht bezieht sich dieser Begriff auf die lang anhaltende Erhöhung des durchschnittlichen allgemeinen Preisniveaus von Gütern und Dienstleistungen innerhalb eines bestimmten

Zeitraums, was zu einer Verringerung der Kaufkraft des Geldes führt. Mit steigenden Preisen kann jede Währungseinheit weniger Güter und Dienstleistungen kaufen. Infolgedessen ist die Inflation auch, ceteris paribus, einschließlich der Einkommen, ein Erosion des Konsumvermögens der Verbraucher. Nun, da wir eine Definition von Inflation gegeben haben, können wir einen weiteren Schritt nach vorn machen, um uns das notwendige Maß für eine korrekte Untersuchung der Investition in hochwertige Weine zu geben. Bereits aus diesen ersten beiden Definitionen können wir ableiten, dass Safe-Haven-Anlagen als Vermögenswerte angesehen werden können, deren Wert im Laufe der Zeit tendenziell konstant bleibt und die weniger anfällig für Schwankungen durch äußere Faktoren sind. Folglich behalten Safe-Haven-Anlagen einen realen Wert bei, der sie vor Inflation schützt und auch in turbulenten Marktphasen oder besonders widrigen Szenarien wie souveränen Zahlungsausfällen, Kriegen oder Epidemien erhalten bleibt. Mit anderen Worten, diese Vermögenswerte weisen in einigen Fällen eine geringe, teilweise sogar negative, Korrelation zu anderen "Asset-Klassen" auf. Um diesen letzten Aspekt besser zu verstehen, müssen wir ein weiteres grundlegendes Konzept vertiefen: "Asset-Klasse" ist das Konzept, das verwendet wird, um verschiedene Arten von Finanzinvestitionen auf der Grundlage ihrer Eigenschaften und ihres Verhaltens auf dem Markt in Gruppen einzuteilen. "Asset-

Klassen" sind Klassen von Finanzinvestitionen, die aufgrund ihrer besonderen Eigenschaften und Verhaltensähnlichkeiten auf dem Markt unterschieden werden können. Fügen wir unserem wirtschaftlichen und finanziellen Glossar einen weiteren Begriff hinzu: Investitionen in sogenannte "Safe-Haven-Güter", d.h. Vermögenswerte, die dazu tendieren, ihren Wert in Zeiten starker Spannungen auf den Finanzmärkten nicht zu verlieren. Diese Art von Investition erfüllt hauptsächlich ein Schutzbedürfnis, da sie darauf abzielt, das Kapital vorläufig zu schützen, bis eine größere wirtschaftliche Stabilität erreicht ist, obwohl sie aufgrund ihrer inhärenten Eigenschaften auch das Interesse von Spekulanten wecken könnte. Eine weitere zu berücksichtigende Eigenschaft ist folgende: Im Gegensatz zu anderen auf dem Markt vorhandenen "Asset-Klassen" bieten Safe-Haven-Anlagen keine regelmäßigen Zahlungsströme, da diese Vermögenswerte aus defensiver Sicht ausgewählt werden, um das anfänglich investierte Kapital zu schützen. Unter regelmäßigen Zahlungsströmen versteht man zum Beispiel Kupons im Anleihemarkt oder Dividenden im Aktienmarkt. Zusammenfassend schützen Safe-Haven-Anlagen das investierte Kapital, tragen zur Diversifizierung des eigenen Anlageportfolios bei, zeichnen sich durch eine geringe oder negative Korrelation zu anderen "Asset-Klassen" aus und haben die Tendenz, sich in wirtschaftlichen oder pandemischen Krisen zu schätzen. Wir haben auch verstanden, dass der sogenannte

"Safe-Haven-Güter" folgende Merkmale aufweisen sollte: Liquidität, Funktionalität, begrenztes Angebot und Sicherheit der Nachfrage. Jetzt, da wir verstehen, warum wir in Weine investieren sollten, werden wir im nächsten Kapitel darüber sprechen, wie wir dies konkret umsetzen können.

Den Besitz von erstklassigen Weinflaschen zu Hause kann mit dem Besitz eines Gemäldes oder von Goldbarren verglichen werden. Die Renditen, die diese "Assets" bieten können, ähnlich wie bei Vintage-Autos, Gemälden und physischem Gold, sind oft weit höher als bei anderen als traditionell angesehenen Finanztransaktionen. Aber wie geht man vor? Hier ist der praktische Leitfaden für die Investition in erstklassige Weine. Wie bei allen anderen Arten von Investitionen gibt es auch für den Weinsektor eine Metrik, der man folgen kann, um bewusst und vor allem effektiv und effizient die besten und profitabelsten Etiketten auszuwählen. Es gibt hauptsächlich zwei Methoden für die Investition in erstklassige Weine: eine erste, kommerzielle Methode, und eine zweite Methode, die als finanziell bezeichnet werden kann. Bevor wir uns näher mit beiden Methoden beschäftigen, sollten wir einen Schritt zurückgehen und eine Art Steckbrief der Akteure erstellen, die sich in der Welt der Weininvestition bewegen. Die Wertschöpfungskette der Weinindustrie umfasst Hersteller, Makler, Käufer und verschiedene Kunden. Jeder dieser Akteure hat unterschiedliche Interessen und Vorteile, die sich je nach verfolgter Strategie und Art der Kauf- und Verkaufsmethoden unterscheiden. Lassen Sie uns Klarheit über die verschiedenen involvierten Parteien schaffen. Insbesondere die Figur des Käufers ist im Verlauf der verschiedenen Transaktionen entscheidend. Zunächst sollten wir festhalten, dass es verschiedene Käuferprofile gibt. Zunächst gibt es den Käufer-Investor, ein Profil, das sich in den letzten Jahren stark entwickelt hat. Es kann sich sowohl um eine Einzelperson als auch um einen Investmentfonds handeln, der den Wein vom Hersteller kauft, um ihn zu einem höheren Preis weiterzuverkaufen und somit einen Mehrwert zu schaffen. Käufer-Investoren können zwei Typen sein: Der erste Typ ist der Spekulant, der das Weingeschäft nicht im engeren Sinne interessiert, sondern es als rein finanzielle Gelegenheit sieht. Der Spekulant kauft den Wein mit dem alleinigen Ziel, ihn zu einem späteren Zeitpunkt zu einem deutlich höheren Preis zu verkaufen. Das sind Personen, die das Produkt nicht konsumieren, den Wein nicht trinken, sondern ihn einfach aufbewahren und zum richtigen Zeitpunkt verkaufen. Oft sehen sie die Flasche nicht einmal physisch, sondern verlassen sich auf Unternehmen, die auf die Lagerung von Investitionsweinen unter optimalen Bedingungen und ohne Temperaturschwankungen spezialisiert sind, die die Qualität des gekauften Produkts beeinträchtigen könnten. Die zweite Kategorie von Käufer-Investoren sind diejenigen, die wir als Profis im Weinsektor bezeichnen könnten, dh Experten und Kenner der besten Etiketten von erstklassigen

Weinen, die in der Lage sind, die Qualität des Produkts und seinen Zustand im Laufe der Jahre zu beurteilen. Sie können akademische Titel, Abschlüsse, Master, Spezialisierungen und auch praktische und berufliche Erfahrungen haben. Dieser Erfahrungs- und Kompetenzschatz ermöglicht es ihnen, den gesamten Kauf- und Verkaufsprozess von erstklassigen Weinen autonom zu verwalten. Mit anderen Worten, sie delegieren nicht an Dritte und lagern die Produkte, die sie in ihr Investmentportfolio aufnehmen möchten, nicht in Lagern. Neben dem Käufer-Investor gibt es auch die Figur des Sammlers. Der Käufer-Sammler kann ein Weinkenner sein, der gerne über seine Etiketten spricht, sie in einem eigenen privaten und persönlichen Weinkeller aufbewahrt und diesen sorgfältig verwaltet, um sicherzustellen, dass die Produkte in bestem Zustand bleiben. Neben dem finanziellen Kauf von Wein kauft er einen Teil davon, um ihn zu konsumieren, da er ein großer Liebhaber von erstklassigem Wein ist. Eine dritte Kategorie von Käufern ist diejenige, die als Kunde - Verbraucher bezeichnet wird. Dies ist jemand, der den erstklassigen Wein kauft, um ihn zu konsumieren. Der Kunde kann diese erstklassigen Weinflaschen in einem Restaurant oder zu Hause genießen, um die Freude am Genuss und an der Verkostung eines qualitativ hochwertigen Weins zu erleben. Neben dem Käufer gibt es auch den Makler, der der Vermittler zwischen Hersteller und Käufer ist. Der Makler versucht, die besten Etiketten zum niedrigsten Preis zu erhalten, indem er eine Reihe von Strategien anwendet, die wir nun erläutern werden. Die erste Strategie wird durch die kommerzielle Methode verfolgt. Operativ betrachtet, kann diese erste Methode als die Tätigkeit eines Handelsunternehmens angesehen werden, das den Kauf und Verkauf von Waren und/oder Dienstleistungen durchführt. In diesem speziellen Fall wird die Methode des Handels durch den Verkauf von Flaschen erstklassigen Weins entwickelt. Wir könnten den Handel mit Flaschen erstklassigen Weins als "IGW" bezeichnen, was für "Investment Grade Wines" steht. Die sogenannte kommerzielle Methode bietet auch Varianten in Bezug auf die Art und Weise des Kaufs von erstklassigem Wein. Je nach den Kaufoptionen kann sich auch die Gewinnmarge ändern, die daraus erzielt wird. Die erste Option besteht darin, die Flaschen zu kaufen, bevor der Hersteller sie auf den Markt bringt. Dies sind Investitionen "en primeur". In diesem Fall kauft der Makler einen bestimmten Wein einer bestimmten Jahrgangsstufe, bevor die physische Flasche des ausgewählten Gutes hergestellt wird. Diese Methode, die als "en primeur" bezeichnet wird, wurde in Frankreich entwickelt, einem der wichtigsten Weinmärkte der Welt, und wurde von den "Chateaux" und den Händlern von Bordeaux entwickelt. Der Ablauf ist wie folgt: Jedes Jahr werden Proben aus den Fässern des Vorjahres verkostet. Die wichtigsten Weinkritiker verkosten diese Proben im Voraus und bewerten sie anhand von Punkten und Bewertungen. Die Produzenten des betreffenden Weins geben einen Teil der Ernte, genannt "tranche", frei, um sie "en primeur" zu verkaufen. Die Makler, die die "tranche" kaufen, versuchen, die besten Kaufbedingungen zu erzielen, basierend auf der Annahme, dass der Wein, sobald er auf den Markt gebracht wird, einen deutlich höheren Preis haben wird. Die Makler verkaufen diese Verträge, die als Vorbestellungen angesehen werden können, an Händler, die den Wein wiederum an Verbraucher und/oder Investoren weiterverkaufen. Es gibt Vor- und Nachteile für jeden der beteiligten Akteure. Sicherlich kann der Hersteller von erstklassigem Wein mit dem Verkauf "en primeur" bereits über Liquidität verfügen, bevor das Produkt fertiggestellt und auf den Markt gebracht wird. Der Vorteil für den Makler besteht darin, dass er einen erstklassigen Wein zu einem deutlich niedrigeren Preis vorbestellen kann, aber gleichzeitig den Nachteil hat, eine gewisse Menge des Gutes kaufen zu müssen, unabhängig vom Jahrgang des Produkts. Mit anderen Worten, der Vermittler verpflichtet sich in der Regel mit einer mehrjährigen Vereinbarung mit dem Hersteller, jedes Jahr eine bestimmte Menge Flaschen zu kaufen, die sich nicht nach der Qualität des Produkts richten wird. Daher kann der Makler je nach Jahrgang einen mehr oder weniger hohen Mehrwert erzielen. Die Gewinnmarge kann jedoch erst "ex post", das heißt nachträglich, auf der Grundlage der Kritik und der öffentlichen Meinung quantifiziert werden. Die zweite Art des Kaufs der kommerziellen Methode besteht darin, sich an Händler zu wenden oder die Flaschen über Auktionen zu kaufen. Der Kauf bei einem Händler bedeutet zunächst, alle Details des Weins sowohl qualitativ als auch wirtschaftlich genau zu kennen. Darüber hinaus kann der Makler das physische Gut gleichzeitig mit dem Kauf besitzen, ohne Monate oder sogar Jahre warten zu müssen. Der Hauptnachteil für den Makler besteht im Kaufpreis, der sicherlich höher ist als bei "en primeur", da es zwischen Hersteller und Käufer den Aufschlag des Händlers gibt. Dieser Aufschlag kann je nach Art des Weins, des Jahrgangs, des Herstellers, des Wettbewerbs und insbesondere der Art der Handelsvereinbarung variieren, die der Händler für dieses Etikett hat (Beispiel: exklusiver Verkauf in einem bestimmten geografischen Gebiet). Die alternative Kaufmöglichkeit ist die Verwendung von Auktionen. Bei einer Auktion kann man sicherlich gute Geschäfte machen, aber man muss sehr auf die Problematik der Fälschungen achten. Nicht immer ist es jedoch möglich, die besten Preise zu erzielen, und es ist dennoch erforderlich, den Auktionsmarkt im Auge zu behalten und immer auf dem Laufenden zu bleiben. Die zweite Methode ist die finanzielle Methode, eine Methode, die auch als indirekt bezeichnet werden kann, da sie die regulierten Märkte nutzt, um Produkte im

Zusammenhang mit der Welt der Investitionsweine zu erwerben. In dieser Hinsicht gibt es Weinfonds wie den britischen Fonds "The Wine Investment Fund" oder den luxemburgischen Fonds "VintHedge Italian Wine Growth Fund", der in die besten Etiketten von "Made in Italy"-Weinen investiert und versucht, von der steigenden Nachfrage nach italienischen Weinen, insbesondere aus der Toskana und dem Piemont, in der Welt zu profitieren. Die Investition in einen Fonds hat klare Vorteile. Der erste betrifft das Diversifikationsprinzip. Der Fonds investiert nämlich in verschiedene Weine von verschiedenen Herstellern und Jahrgängen, um das Risiko zu reduzieren. Ein weiterer Vorteil ist die Expertise, da diese Fonds von Experten und Fachleuten verwaltet werden, die über objektive Instrumente zur Analyse der Rentabilität der ausgewählten Körbe verfügen. Der Nachteil für den Makler besteht darin, dass er keinen Entscheidungsspielraum bei der Gestaltung der Fonds hat. Daher ist sich jeder, der auf diese Weise kauft, bewusst, dass er eine begrenzte Kontrolle über die Auswahl der Weine und über die Hebelwirkung der Diversifikation hat. Außerdem fallen Gebühren an, die in einigen rückläufigen Phasen höher sein können als die Erträge. Im Hinblick auf die Vermarktungsmethode über die finanzielle Methode gibt es auch Unternehmen, die mit der Weinwelt verbunden sind und an der Börse notiert sind. Anstelle von physischen Produkten zu kaufen und Weinflaschen zu besitzen, kann man sich also für den Kauf eines an der Börse notierten Finanztitels entscheiden, der von einer Aktiengesellschaft in Italien oder ähnlichen Unternehmen im Ausland ausgegeben wurde. Weltweit gibt es mehrere börsennotierte Unternehmen. Hier sind einige beispielhafte Beispiele. Wir sprechen beispielsweise von der spanischen Firma Barón de Ley, der britischen Diageo, der französischen Pernod Ricard oder der australischen Treasury Wine Estates. Der größte Vorteil der Investition in börsennotierte Unternehmen besteht zunächst darin, dass es sich um regulierte und von Aufsichtsbehörden überwachte Organisationen handelt. Darüber hinaus sind die Wertpapiere im Vergleich zu Weinflaschen sicherlich liquider und daher leichter auf dem Markt verkäuflich. Eine Aktie ist per Definition eines der liquideren Wertpapiere im Vergleich zum Handelsmarkt, auf dem man nicht nur ein ausgezeichneter Käufer, sondern auch ein ausgezeichneter Verkäufer sein muss. Zweifellos sind kommerzielle Fähigkeiten und Geschäftssinn in einem Markt wie dem Weinmarkt, der sehr interessant, aber auch mit Herausforderungen und zwangsläufigen Risiken behaftet ist, erforderlich. Daher kann die Diversifikation in diesem Fall ebenfalls dazu beitragen, die inhärenten Risiken zu reduzieren, die wir daran erinnern, nicht beseitigt werden können, aber begrenzt und kontrolliert werden können.

KAPITEL 3: WIE BEWERTET MAN EINEN WERTVOLLEN WEIN?

Unabhängig von der Richtung, die man einschlagen möchte, und von der Rolle, die man im faszinierenden Bereich der edlen Weine übernehmen möchte, ist es notwendig, die auf dem entsprechenden Markt erhältlichen Etiketten sorgfältig zu bewerten und kennenzulernen. Um eine Flasche Wein richtig zu bewerten, ist es wesentlich, eine Reihe wesentlicher Elemente zu berücksichtigen. Lassen Sie uns also versuchen, eine Frage zu beantworten, die viele stellen: Welche Faktoren bestimmen den Preis eines Weins? Eine legitime Frage, die eng mit dem Thema des Werts eines edlen Weins verbunden ist. Schauen wir uns also an, wie der Wert einer Weinflasche anhand der zahlreichen Variablen berechnet werden kann, die den Preis bestimmen.

Um den Marktwert eines Etiketts richtig zu berechnen, müssen alle Aspekte berücksichtigt werden, die den Preis für den Kauf und Verkauf der Weinflasche direkt oder indirekt beeinflussen können. Der erste Aspekt, der berücksichtigt werden muss, ist die Arbeit im Weinberg und im Keller. Unter Verarbeitung verstehen wir in erster Linie die Arbeitskraft, aber auch die Auswahl der Produkte zur Behandlung und Pflege der Weinberge, die für die Produktion ausgewählten Trauben, die Techniken der

Weinherstellung und Reifung, um die Trauben in Wein zu verwandeln. All diese Aspekte können den Preis einer Flasche maßgeblich beeinflussen.

Ein weiterer relevanter Aspekt ist die Produktionsmenge, die auf die Logik der Fixkosten Einfluss haben kann, die unabhängig von der Anzahl der hergestellten Flaschen konstant bleiben. Der Preis des Weins kann auch je nach Jahrgang variieren. Qualitätsweine gehören oft zu als hervorragend geltenden Jahrgängen, die durch optimale meteorologische und klimatische Bedingungen gekennzeichnet sind, um hervorragende Ergebnisse zu erzielen. Dieser Faktor hat nicht allein betrachtet eine Bedeutung, sondern muss mit anderen idealen Bedingungen für die Produktion edler Weine in Beziehung gesetzt werden, wobei das Terroir eine davon ist. Häufig können Weine derselben Art und geografischen Region unterschiedliche Preise haben. Dies geschieht aufgrund von Mikrogebieten, die in einen größeren Kontext eingebettet sind, in dem geeignete Bedingungen für den Anbau von qualitativ hochwertigen Trauben und die Herstellung edler Weine herrschen.

Der Wert eines Weins wird auch vom Zeitfaktor beeinflusst, d.h. von der Reifezeit, die er vor seiner Vermarktung durchläuft. Oft hat ein Reserveweinen, der in Eichenfässern gereift ist, nicht nur aufgrund seines organoleptischen Profils, das ihm hohe Qualität verleiht, sondern auch aufgrund der höheren Investitionskosten, die seine Produktion erfordert, einen deutlich höheren Preis.

Hinzu kommen weitere Faktoren, die sich auf die Endkosten und den Marktpreis eines Weins auswirken, angefangen von der Auswahl der Verpackung bis hin zum Etikett und zum Verschluss. Auch die für den Schutz der Produktqualität und des Herkunftsgebiets des Weins ergriffenen Maßnahmen, die seine Echtheit bewahren sollen, beeinflussen den Weinpreis erheblich, sind jedoch unverzichtbare Instrumente, um dem Kunden eine höhere Qualität zu garantieren.

KAPITEL 4: WAS SIND EDELWEINE?

In diesem Kapitel werden wir enthüllen, welche edlen Weine in einem angesehenen Investitionsportfolio niemals fehlen sollten. Die erste Frage, die wir in Bezug auf dieses Thema stellen müssen, lautet: Welche Merkmale sollte ein edler Wein zur Investition haben? Wir haben bereits spezifiziert, dass der Markt für edle Weine ein deutlich begrenzteres Subset im Vergleich zur gesamten Weinbranche ist. Daher können nicht alle Weine als edel betrachtet werden, geschweige denn in die Kategorie der edlen Investitionsweine fallen. Es ist daher notwendig, herauszufinden, welche Weine potenziell Gewinne erzielen können. Um sie zu identifizieren, ist eine sorgfältige Marktanalyse erforderlich, und als erste Phase ist es wichtig, die Merkmale einer edlen Etikette zu finden, dh die Eigenschaften, die unabhängig von Preis, Investmentrendite und Prestige alle exzellenten Weine besitzen müssen. Was sind diese wesentlichen Eigenschaften? Ein edler Wein muss diese grundlegenden Merkmale unbedingt haben. Zunächst einmal ist das, was einen guten Wein deutlich von einem edlen Wein unterscheidet, die eigene Geschichte. Mit Geschichte meinen wir das Ansehen und den Ruf, den ein exzellenter Wein im Laufe der Jahre erlangt hat. In den folgenden Kapiteln werden wir die Geschichte der wichtigsten Etiketten der Welt vertiefen. Denken Sie zum Beispiel an die großen "Châteaux" von Bordeaux. Ihre Weine werden bereits seit Jahrhunderten produziert und geschätzt. In dieser Region Frankreichs gibt es historische Weinberge, die einige der berühmtesten Weine der Welt produzieren und seit Jahrzehnten zu den exklusiven Luxusweinen gehören. Wir müssen jedoch auch klären, dass diese erste Regel nicht wortwörtlich genommen werden sollte. Dies liegt daran, dass die Geschichte eines Weins eine wichtige Rolle spielt, aber diese einzige Zutat ist nicht immer entscheidend. Die Geschichte allein reicht nicht aus, da es neuere Investitionsweine gibt, zum Beispiel die Weine aus der sogenannten "Neuen Welt", die heute nicht nur als Investition betrachtet werden, sondern auch wirklich exzellent sind, sowohl zum Kauf als auch zur Vermarktung. Bleiben wir beim Thema geografische Regionen, dann können wir ohne Zweifel sagen, dass Frankreich definitiv der Hauptmarkt für edlen Wein ist. Es ist das wichtigste Land weltweit für die Produktion von Reifeweinen. Darüber hinaus sind französische Weine auch auf dem internationalen Markt am gefragtesten, insbesondere in asiatischen Ländern, in denen es eine bedeutende und stetig wachsende Anzahl von aktuellen und potenziellen Verbrauchern gibt, die stark an solchen Gütern interessiert sind. Für diese edlen Weine sind Kunden bereit, hohe Preise zu zahlen, hauptsächlich aus Prestigegründen sowie aus sozialem Status. In Frankreich sind die geografischen Gebiete, die die prestigeträchtigsten Weine produzieren, Bordeaux, Burgund, das Rhonetal, die Champagne-Region und die Sauternes-Region. Die Bordeaux-Region hat eine enorme Bedeutung im weltweiten Handel mit Luxusweinen. Der wichtigste Faktor bei der Preisbestimmung dieser Weine ist zunächst das Erntejahr, da die wichtigsten "Châteaux" alle in der Lage sind, Wein von höchster Qualität herzustellen, und oft hängt der Unterschied hauptsächlich von den klimatischen Bedingungen eines bestimmten Jahres ab. Zu den renommiertesten Etiketten gehören sicherlich Lafite Rothschild, Mouton Rothschild, Margaux, Haut Brion, Latour und Petrus. Eine weitere bemerkenswerte französische Region ist das Burgund, das sowohl für seine Rot- als auch Weißweine bekannt ist. Das "Château" und das Erntejahr sind die Hauptfaktoren bei der Bestimmung des Preises einer Flasche. Zu den führenden Produzenten gehören Domaine de la Romanée-Conti, Domaine Leroy, Domaine Georges & Christophe Roumier und Domaine Leflaive. Das Rhonetal, in der Nähe der Grenzen zur Schweiz und Italien, produziert eine große Menge Wein, aber die meisten davon sind Tafelweine, die sofort konsumiert werden, und keine Investitionsweine. Die wenigen Investitionsweine aus dieser Region wurden aufgrund des sogenannten "Bordeaux-Effekts" berühmt. Tatsächlich hat der ständige Anstieg der Preise für Bordeaux-Weine Weinliebhaber, die sich diese Preise nicht mehr leisten konnten, dazu veranlasst, nachIndividuare questi vini non è difficile ma occorre spendere tempo e fatica.

KAPITEL 5: WELCHE SIND DIE TEUERSTEN REIFUNGSEDELWEINE?

Nun, da wir verstanden haben, welche Faktoren den Preis eines reifenden Weins beeinflussen und sie zu den teuersten der Welt machen, ist es legitim, sich zu fragen, welche Weine zur Reifung am teuersten sind. Lassen Sie uns mit dem "Château Lafite-Rothschild" beginnen: Es handelt sich um eines der spektakulärsten Weinberge der Welt. Die Reihen der Cabernet Sauvignon-Reben erheben sich steil in einer majestätischen Kurve, bekannt als "Der Dom". Sie steigen auf das Hochplateau, das das Herzstück des "Grand Vin von Lafite" bildet, seinen ersten Wein. Die Lage seiner Weinberge gehört zu den schönsten im Médoc. Im Jahr 1855 wurde das Schloss als "Premier Grand Cru" in der berühmten Klassifikation für die Weltausstellung desselben Jahres eingestuft. Die Rebsorten sind: 80-95% Cabernet Sauvignon, 5-20% Merlot, 0-5% Cabernet Franc und Petit Verdot. Beachten Sie, dass es einige außergewöhnliche Fälle gibt, wie das Jahrgang 1994 (99% Cabernet Sauvignon und 1% Petit Verdot) oder der Jahrgang 1961 (100% Cabernet Sauvignon). Die Reifung in Eichenfässern dauert 18 bis 20 Monate in 100% neuen Fässern. Ein weiterer bemerkenswerter Wein ist der "Carruades de Lafite". Der Zweitwein von Château Lafite Rothschild, "Carruades de Lafite", weist ähnliche Eigenschaften wie der "Grand Vin" auf, jedoch mit einer eigenen Persönlichkeit, die mit einem höheren Anteil an Merlot und spezifischen Parzellen verbunden ist, die zur Herstellung von Carruades verwendet werden. Der Name leitet sich von der Carruades-Hochebene ab, einer Gruppe von Parzellen, die 1845 direkt neben den Weinbergen auf dem Hügel des Schlosses erworben wurden.

Der teuerste Wein ist französisch, es handelt sich um den "Pomerol Petrus 2008" von Chateau Petrus, der für 4.600 Euro pro Flasche verkauft wurde, aber in bestimmten Online-Shops auch über 12.000 Euro pro Flasche kosten kann. Es handelt sich um einen Wein aus der Bordeaux-Region, und eine Flasche dieses Weins wurde vor einigen Jahren für 68.000 Dollar verkauft. Dieses nur 40 Hektar große Weingut produziert jährlich etwa 54.000 Flaschen, nachdem sie mindestens 21 Monate in eigens angefertigten neuen Eichenfässern gereift sind. Ein geschickter Käufer kann eine Flasche bereits für "nur" 500 Euro kaufen, sobald sie auf den Markt kommen. Wenn man bedenkt, dass sie im nächsten Jahr praktisch zum doppelten Preis wiederverkauft werden kann, also mit einer Rendite von 100%, erklärt sich, warum Investitionen in Wein sehr lukrativ sein können. Im Jahr 2018 war der teuerste in Italien zum Verkauf stehende Wein der "Masseto di Toscana IGP", der im Durchschnitt 630 Euro pro Flasche kostet, aber bei der legendären Jahrgang 2001 auch bis zu

1.200 Euro pro Flasche kosten kann. Wir sprechen hier von einem der berühmtesten Weine der Welt, hergestellt aus Merlot-Trauben. Dieses Weingut befindet sich auf einem sehr günstigen Anbaufläche und liegt auf einem Anwesen, dem der Ornellaia, ganz in der Nähe des Meeres, von dem es ein mildes Klima und eine Brise erhält, die seine Qualitäten unterstreicht.

Von der strategischen Seite gehen wir nun zur operativen Anleitung über, Schritt für Schritt, indem wir den Bewertungs- und Kaufprozess für ein oder mehrere edle Weinetiketten praktisch und umfassend durchgehen. Auf operativer Ebene besteht der erste Schritt darin, die notwendigen Informationen für eine bewusste Auswahl zu sammeln, um Informationsasymmetrien so weit wie möglich zu reduzieren und gleichzeitig Fehlermargen zu minimieren. Eine weitere goldene Regel, die immer im Hinterkopf behalten werden sollte, betrifft die Kostenminimierung und Umsatzmaximierung. Wer gut einkauft, hat deutlich bessere Chancen, ebenso gut zu verkaufen. Im Gegensatz dazu führt ein impulsiver und unüberlegter Kauf zu einer Vielzahl von Fehlern im Verkaufsprozess, erhöht das Risiko des Scheiterns und reduziert erheblich die Gewinnmargen der verschiedenen Transaktionen. Die Kaufphase darf daher nicht unterschätzt werden, sondern sollte im Gegenteil bis ins kleinste Detail durchdacht werden, beginnend mit dem Budget, dem Zeitrahmen, der Investitionsdauer und den angestrebten Margenziele. Gewinne zu maximieren und gleichzeitig Kosten zu minimieren ist eine notwendige, aber nicht ausreichende Bedingung. Zunächst einmal müssen wir uns auf zuverlässige

Daten stützen, und diese embryonale Phase variiert stark je nach Art des Investors und auch auf der Grundlage der Fähigkeiten, die wir im Bereich der edlen Weine erworben haben. Unabhängig von der Erfahrung, die jeder von uns hat, ist es ratsam, mit objektiven Daten zu beginnen, die uns feste Anhaltspunkte im Analyseprozess geben. Ein guter Ausgangspunkt ist die Verwendung von Daten, die von "Live-ex" bereitgestellt werden. Die London International Vintners Exchange (Liv-ex) wurde im Jahr 2000 von zwei Börsenmaklern, James Miles und Justin Gibbs, gegründet. Sie begannen in London mit einer Gruppe von zehn Gründungsmitgliedern und dem Ziel, den Handel mit edlen Weinen transparenter, effizienter und sicherer zu gestalten und Handelshemmnisse zu beseitigen. Seitdem ist die Mitgliedschaft gewachsen und zählt heute fast fünfhundert Mitglieder aus über vierzig Ländern weltweit. Die Dienstleistungen wurden erweitert, um Daten, Ausführung und Automatisierungstechnologie einzubeziehen. Täglich tauschen die Mitglieder transparent, effizient und standardisiert Millionen Pfund an edlen Weinen aus. Es wird geschätzt, dass mehr als neunzig Prozent des weltweiten Handels mit edlen Weinen auf "Liv-ex" stattfinden, wo der Gegenwert der Kauf- und Verkaufsangebote täglich bei etwa fünfzig Millionen Pfund liegt. Der erste Schritt besteht darin, den "Liv-ex 100" zu analysieren, das Hauptreferenzpunkt in der Branche, das die Preisbewegungen der Top-Hundert begehrtesten Weine auf dem Sekundärmarkt repräsentiert; er wird monatlich berechnet und ist seit Juli 2001 verfügbar. Der Index besteht hauptsächlich aus roten Weinen aus Bordeaux; er berücksichtigt jedoch auch weiße Weine aus Bordeaux und andere Regionen wie Burgund, Rhône, Champagne und Italien. Der Index basiert auf den Durchschnittspreisen von "Liv-ex" und wird gewichtet, um die ursprünglichen Produktionsmengen zu berücksichtigen, wobei die Gewichtung mit dem Alter des Weins abnimmt. Auf diese Weise erfasst die Gewichtung die Auswirkungen jeder Komponente auf den Gesamtmarkt in ähnlicher Weise wie die Berechnung des kapitalgewichteten Indexes in Aktienfällen. Die in den Index aufgenommenen Weine müssen eine Bewertung von 95 Punkten oder höher haben und einen ausreichend liquiden Markt auf "Liv-ex" haben. Neue Jahrgänge, die auf dem "En Primeur" -Markt gehandelt werden, sind ausgeschlossen; zulässig sind nur in Flaschen abgefüllte Weine, die physisch im Vereinigten Königreich geliefert wurden. Die Überprüfung des Index ist vierteljährlich geplant und wird vom Bewertungsausschuss durchgeführt. Wenn der Wein fünfundzwanzig Jahre alt ist, wird er aus dem Index entfernt, da die Liquidität aufgrund der geringen verfügbaren Menge verschwindet. Um Stabilität zu gewährleisten, wird der Durchschnittspreis aus dem Durchschnitt des aktuellen höchsten Kaufpreises und des aktuellen niedrigsten Kaufpreises auf der

Handelsplattform "Liv-ex" berechnet. Wenn innerhalb der letzten dreißig Tage eine Transaktion auf "Liv-ex" durchgeführt wurde und der Transaktionspreis im Spread zwischen Gebots- und Angebotspreis liegt, wird dieser als Durchschnittspreis verwendet. Jeder für die Indexberechnung verwendete Preis wird vom Bewertungsausschuss überprüft. Nachfolgend betrachten wir die "Liv-ex" Rangliste von 2021 basierend auf der Herkunft der Weine. An erster Stelle steht Frankreich mit der Region Burgund, die stolze 32 Etiketten aufweisen kann, und der Region Bordeaux mit 31. Auf dem Podium steht an dritter Stelle Italien mit 14 edlen Weinen. Es folgen die Champagne-Region mit 8 Etiketten, die USA mit 5, das Rhonetal mit 4, Australien mit 3 und schließlich Deutschland mit 2 und Spanien mit einem einzigen Wein. Eine weitere interessante Information betrifft den Trend der Etiketten aus verschiedenen Wein produzierenden Ländern in den letzten Jahren. Wenn wir den Zeitraum von 2016 bis 2021 betrachten, können wir feststellen, dass Italien im Laufe der Jahre eine immer wichtigere Rolle auf internationaler Ebene eingenommen hat. Von den Herkunftsländern aus betrachten wir die Einzelheiten der Etiketten der einzelnen Weine, die die Rangliste bilden, beginnend mit der neuesten in zeitlicher Reihenfolge, nämlich der "Top100"-Rangliste der besten edlen Weine des Jahres 2021:

Rank	Label	Area	Performance
1	Leroy	Bourgogne	39%
2	Lafite Rothschild	Bordeaux	17%
3	Armand Rousseau	Bourgogne	22%
4	Dom Perignon	Champagne	22%
5	DRC	Bourgogne	20%
6	Mouton Rothschild	Bordeaux	10%
7	Petrus	Bordeaux	15%
8	Sassicaia	Italy	19%
9	Louis Roederer	Champagne	14%
10	Margaux	Bordeaux	9%
11	Krug	Champagne	17%
12	Figeac	Bordeaux	24%
13	Domaine Leflaive	Bourgogne	12%
14	Mission Haut-Brion	Bordeaux	11%
15	Haut-Brion	Bordeaux	8%
16	Cheval Blanc	Bordeaux	9%

17	Palmer	Bordeaux	13%
18	Latour	Bordeaux	8%
19	Gaja	Italy	10%
20	Screaming Eagle	USA	11%
21	Sylvain Cahiard	Bourgogne	27%
22	Comte Lafon	Bordeaux	22%
23	Giacomo Conterno	Italy	8%
24	Masseto	Italy	16%
25	Angélus	Bordeaux	8%
26	Comm GB Burlotto	Italy	58%
27	Taittinger	Champagne	26%
28	Salon	Champagne	24%
29	Yquem	Bordeaux	10%
30	Dujac	Bourgogne	19%
31	Meo Camuzet	Bourgogne	14%
32	Ponsot	Bourgogne	7%
33	Leoville Las Cases	Bordeaux	12%
34	Georges Roumier	Bourgogne	28%

35	Bruno Giacosa	Italy	10%
36	Jacques Selosse	Champagne	24%
37	Ausone	Bordeaux	11%
38	Prieure Roch	Bourgogne	23%
39	Bartolo Mascarello	Italy	15%
40	La Spinetta	Italy	17%
41	Bollinger	Champagne	15%
42	Ramonet	Bourgogne	18%
43	Opus One	USA	10%
44	Emmanuel Rouget	Bourgogne	14%
45	Penfolds	Australia	6%
46	Domaine JL Chave	Rhone	27%
47	Jacques Frédéric Mugnier	Bourgogne	19%
48	Joseph Drouhin	Bourgogne	4%
49	Pontet-Canet	Bordeaux	11%
50	Pichon Lalande	Bordeaux	11%
51	Lafleur	Bordeaux	11%
52	Solaia	Italy	16%

53	Ornellaia	Italy	12%
54	Pol Roger	Champagne	16%
55	Coche Dury	Bourgogne	19%
56	Faiveley	Bourgogne	6%
57	Pichon Baron	Bordeaux	12%
58	Guigal	Rhone	5%
59	Cos d'Estournel	Bordeaux	8%
60	Giuseppe Rinaldi	Italy	21%
61	Ducru Beaucaillou	Bordeaux	8%
62	Arnoux Lachaux	Bourgogne	35%
63	Lynch-Bages	Bordeaux	8%
64	Pavie	Bordeaux	5%
65	Tignanello	Italy	23%
66	Comte Vogüé	Bourgogne	6%
67	Harlan	USA	9%
68	Montrose	Bordeaux	6%
69	Lambrays	Bourgogne	30%
70	L'Evangile	Bordeaux	12%

71	Sine Qua Non	USA	4%
72	Jean Grivot	Bourgogne	11%
73	Chapoutier	Rhone	5%
74	Bouchard P&F	Bourgogne	5%
75	Domaine d'Auvernay	Bourgogne	41%
76	Dominus	Australia	11%
77	Raveneau	Bourgogne	31%
78	Etienne Sauzet	Bourgogne	11%
79	Vieux Château Certan	Bordeaux	11%
80	Vega Sicilia	Spain	8%
81	Beychevelle	Bordeaux	10%
82	Giuseppe Mascarello	Italy	18%
83	Pierre Yves Colin Morey	Bourgogne	19%
84	Egon Muller	Germany	8%
85	Geroges Noellat	Bourgogne	11%
86	Henschke	Australia	21%
87	Leoville Poyferre	Bordeaux	9%
88	Keller	Germany	34%

89	Clos de Tart	Bourgogne	11%
90	Schrader	USA	4%
91	Biondi Santi	Italy	23%
92	Smith Haut-Lafitte	Bordeaux	13%
93	Léoville Barton	Bordeaux	9%
94	Henri Boillot	Bourgogne	6%
95	de Montille	Bourgogne	8%
96	Domaine de la Vougeraie	Bourgogne	9%
97	Calon Ségur	Bordeaux	12%
98	Robert Groffier	Bourgogne	10%
99	Famille Perrin	Rhone	4%
100	Alain Hudelot-Noellat	Bourgogne	18%

Im Analysestadium halten wir es für angebracht, auch alle Ranglisten der vorherigen Jahrgänge zu betrachten. Im Folgenden bieten wir beispielhaft die "Top 100" der besten edlen Weine der Welt, die von "Live-ex" für das Jahr 2020 erstellt wurde:

Rank	Label	Area	Performance
1	Leroy	Bourgogne	9%
2	Domaine Leflaive	Bourgogne	6%
3	Gaja	Italy	7%
4	Sassicaia	Italy	9%
5	Penfolds	Australia	3%
6	Ornellaia	Italy	10%
7	Dom Perignon	Champagne	4%
8	Haut-Brion	Bordeaux	1%
9	Masseto	Italy	6%
10	Louis Roederer	Champagne	2%
11	Lafite Rothschild	Bordeaux	-1%
12	Vega Sicilia	Spain	7%
13	Solaia	Italy	15%
14	Prieure Roch	Bourgogne	10%
15	Georges Roumier	Bourgogne	3%
16	Palmer	Bordeaux	2%
17	Mouton Rothschild	Bordeaux	-1%

18	Mission Haut-Brion	Bordeaux	0%
19	Église Clinet	Bordeaux	7%
20	Krug	Champagne	4%
21	DRC	Bourgogne	1%
22	Margaux	Bordeaux	-2%
23	Joseph Drouhin	Bourgogne	1%
24	Pichon Lalande	Bordeaux	4%
25	Armand Rousseau	Bourgogne	0%
26	Lafleur	Bordeaux	5%
27	Latour	Bordeaux	-2%
28	Vieux Château Certan	Bordeaux	4%
29	Cheval Blanc	Bordeaux	-1%
30	Bouchard P&F	Bourgogne	7%
31	Bollinger	Champagne	6%
32	Ducru Beaucaillou	Bordeaux	2%
33	Jacques Frédéric Mugnier	Bourgogne	7%
34	Angélus	Bordeaux	-1%
35	Tignanello	Italy	9%

36	Yquem	Bordeaux	1%
37	L'Evangile	Bordeaux	8%
38	Trapet	Bourgogne	7%
39	Faiveley	Bourgogne	0%
40	Leoville Las Cases	Bordeaux	0%
41	Jacques Prieur	Bourgogne	12%
42	Opus One	USA	3%
43	Cos d'Estournel	Bordeaux	0%
44	Montrose	Bordeaux	1%
45	Pol Roger	Champagne	6%
46	Henri Boillot	Bourgogne	2%
47	Comte Vogüé	Bourgogne	0%
48	Taittinger	Champagne	4%
49	Screaming Eagle	USA	0%
50	Pavie	Bordeaux	-1%
51	Giacomo Conterno	Italy	-2%
52	Léoville Barton	Bordeaux	2%
53	Pontet-Canet	Bordeaux	1%

54	Guigal	Rhone	-2%
55	Biondi Santi	Italy	9%
56	Rauzan Segla	Bordeaux	7%
57	Ramonet	Bourgogne	4%
58	Lynch-Bages	Bordeaux	0%
59	Ausone	Bordeaux	-1%
60	Pierre Yves Colin Morey	Bourgogne	11%
61	Harlan	USA	0%
62	Luciano Sandrone	Italy	7%
63	Bartolo Mascarello	Italy	5%
64	Beaucastel	Rhone	3%
65	Chapoutier	Rhone	4%
66	Keller	Germany	-2%
67	Casanova di Neri	Italy	8%
68	Pape Clément	Bordeaux	1%
69	Petrus	Bordeaux	-5%
70	Domaine JL Chave	Rhone	5%
71	Fontodi	Italy	4%

72	Dominus	Australia	2%
73	Louis Jadot	Bourgogne	4%
74	Poggio di Sotto	Italy	12%
75	Figeac	Bordeaux	1%
76	Vietti	Italy	0%
77	Pichon Baron	Bordeaux	-1%
78	Etienne Sauzet	Bourgogne	4%
79	Conseillante	Bordeaux	5%
80	Comte Lafon	Bordeaux	2%
81	Pin	Bordeaux	4%
82	Léoville Poyferre	Bordeaux	0%
83	de Montille	Bourgogne	5%
84	Jean Grivot	Bourgogne	2%
85	Salon	Champagne	2%
86	Dominio de Pingus	Spain	0%
87	Robert Groffier	Bourgogne	1%
88	Tua Rita	Italy	2%
89	Bruno Giacosa	Italy	-2%

90	Gruaud Larose	Bordeaux	3%
91	Ponsot	Bourgogne	-1%
92	Calon Ségur	Bordeaux	2%
93	Paul Jaboulet Aine	Rhone	2%
94	Arnoux Lachaux	Bourgogne	13%
95	Smith Haut-Lafitte	Bordeaux	-1%
96	Quintarelli	Italy	3%
97	Las Carnes Haut Brion	Bordeaux	2%
98	Beychevelle	Bordeaux	-1%
99	Henschke	Australia	1%
100	Caymus	USA	11%

Aus dem "Liv-ex Power 100" von 2021 und 2020 müssen wir die Daten aufschlüsseln, indem wir sie nach Herkunftsland oder -region gruppieren. Wir unterteilen also den Index und zerlegen ihn in homogene Gruppen basierend auf dem Herkunftsgebiet des Weins. Im Folgenden haben wir beispielhaft alle italienischen Weine aus der "Top 100" der Ausgabe 2021 gruppiert.

Ra nk	Etichetta	Punte ggio	Prezzo/Cass a (GBP)	Perfor mance	Comprav endite
8	Sassicaia	225	1,747	19%	37
19	Gaja	319	1,847	10%	77
23	Giacomo Conterno	331	4,286	8%	36
24	Masseto	333	5,547	16%	22
26	Comm GB Burlotto	337	3,16	58%	23
35	Bruno Giacosa	364	1,576	10%	48
39	Bartolo Mascarello	373	2,784	15%	28
40	La Spinetta	376	865	17%	49
52	Solaia	458	2,148	16%	16
53	Ornellaia	458	912	12%	34
60	Giuseppe Rinaldi	472	2,18	21%	19
65	Tignanello	494	956	23%	16

82	Giuseppe Mascarello	552	1,635	18%	145
91	Biondi Santi	576	1,694	23%	244

Außerdem können uns neue Technologien bei der Beschaffung und Erstellung eines eigenen Portfolios für Investitionen in edle Weine unterstützen. Wir erwähnen hier "Vindome", die erste Anwendung für Online-Investitionen in edle Weine, die das Augenmerk auf die "Semaine des Primeurs" lenkt, eine der unverzichtbaren Veranstaltungen im weltweiten Weinkalender, die in Bordeaux stattfindet. Eine regelrechte Bühne von höchstem Rang, auf der Experten der Branche und Sommeliers die Weine des Jahrgangs 2020 der 131 "Châteaux" der "Union des Grands Crus de Bordeaux" bewerten werden. Die Live-Übertragung von "Vindome" kann als entscheidender Moment angesehen werden, der die Geschicke und Trends der Branche bestimmt und den "Vindome" gleichzeitig live verfolgt, indem es als erste Wine-Trading-App die sogenannten "En Primeur"-Weine in Echtzeit auf seinen Kanälen zum Verkauf anbietet. Dabei handelt es sich um Weine, die noch im Fass sind und auf die man vor ihrer Abfüllung und Markteinführung investieren kann, abzüglich von Zöllen und Mehrwertsteuer. Unmittelbar nach dem Abschluss der Bordeaux-

Woche und gleichzeitig mit Beginn der Verkaufskampagne wird "Vindome" die Einzelbewertungen der Etiketten Tag für Tag veröffentlichen, gleichzeitig mit ihrer Markteinführung. Dies ermöglicht den Nutzern, mit dem Investieren zu beginnen und sich die prestigeträchtigsten Flaschen zu sichern. Es gibt einige Klassifizierungen, die einen offiziellen Schutz genießen, da sie Teil des Weingesetzes im Herkunftsland sind, während andere, beispielsweise von Anbauverbänden, ohne einen solchen Schutz erstellt wurden. Die Klassifizierung "Bordeaux 1855" ist der umfassende Leitfaden für die historische Bordeaux-Klassifizierung von 1855 für die Weine aus dem Medoc. Es handelt sich um die bedeutendste und berühmteste Klassifizierung jeder Weinregion weltweit. Fast 160 Jahre später hält dieses historische Dokument immer noch stand, ohne nahezu Veränderungen zu unterliegen. Tatsächlich hat die offizielle Klassifizierung der Bordeaux-Weine aus dem Medoc seit 1855 nur zwei Änderungen in über anderthalb Jahrhunderten erfahren. Château Cantemerle wurde 1856 hinzugefügt, einfach deshalb, weil es im Jahr 1855 versehentlich ausgelassen wurde, während die wichtigste und historischste Veränderung mit dem Änderungsstatus des Château Mouton Rothschild am 21. Juni 1973 erfolgte.

KAPITEL 7: WIE MAN GELD VERDIENT UND WIE VIEL MAN MIT EDELWEINEN VERDIENT?

Einmal entschieden, mit edlen Weinen Geld zu verdienen, ist es notwendig, ein Budget für diese Art von Investition festzulegen. Nach den weltweit wichtigsten Investoren sollte der Anteil von edlen Weinen im eigenen Anlageportfolio nicht mehr als 15 Prozent betragen und liegt im Durchschnitt zwischen 5 und 10 Prozent, je nach Gesamtbudget. Als nächstes ist es entscheidend, den Weg zu wählen, um das gesetzte Ziel zu erreichen. Die Investition über Weinindizes bedeutet beispielsweise, nicht denselben Risikofaktoren wie bei direkten Investitionen ausgesetzt zu sein, nämlich:

• Die Lagerung der gekauften Produkte: Wein erfordert besondere Lagerungsbedingungen, um seinen Wert nicht zu verlieren. Es ist daher wichtig zu berücksichtigen, dass direkte Investitionen Lagerkosten mit sich bringen, die mit Versicherungsprämien verbunden sind.

• Variable Kosten und der Zeitfaktor: Wein erfordert auch direkte Kosten für den Kauf, und es ist notwendig, den Aspekt der zur Verfügung gestellten Zeit für diese Aktivität zu bewerten.

• Das Liquiditätsrisiko: Sofern ein Investor nicht die begehrtesten Weinmarken erwirbt, muss er sich mit den Problemen der

Illiquidität auseinandersetzen, die für weniger bekannte Weinmarken natürlich sind.

• Fachkenntnisse: Die eigenständige und direkte Bewirtschaftung des Kaufs erfordert zwangsläufig spezifische Fähigkeiten im Weinbau, sowohl in enologischer Hinsicht als auch finanziell.

Es sei klargestellt, dass Weinindizes keine der oben genannten Risiken aufweisen, da die indirekte Investition von vornherein eine höhere Liquidität im Vergleich zum Besitz eines materiellen Vermögenswertes und seiner physischen Übernahme ermöglicht. Es besteht kein Zweifel daran, dass "Feiner Wein" sich während globaler wirtschaftlicher Rezessionen positiv verhält und zeigt, dass es sich um eine defensive Anlageklasse für Anleger mit Aktienportfolios handelt.

In der aktuellen Situation hat die Covid-19-Pandemie enorme Turbulenzen in den Anlageportfolios verursacht. Sowohl der Aktien- als auch der Anleihemarkt haben unter einem Liquiditätsrückgang gelitten, der durch Markstress und erzwungene Verkäufe verursacht wurde. Dies hat sich auch auf Unternehmensanleihen ausgewirkt. Alle Segmente des Kreditmarktes waren betroffen. Der Markt für Investitionsweine hat jedoch seine Aufgabe hervorragend erfüllt und erneut die Vorteile eines diversifizierten Anlageportfolios bestätigt. Die monatlichen Berichte von "Liv-ex" im März 2020 zeigen, wie der

Handel Mitte des Monats zugenommen hat, als US-Käufer auf den Markt zurückkehrten, jedoch hat Covid-19 allgemein die Aktivität gedämpft. Der Handelsanteil von Bordeaux nach Wert ist von 55,4% auf 45,3% gesunken, nur 10 Punkte vom bisherigen Tiefststand entfernt. Champagne (8,8%), Italien (13%) und Rhône (2,8%) haben im Vergleich zum Vormonat zugelegt, während Burgund (20,3%) seinen Anteil halten konnte. Der "Liv-ex 100" schloss den Februar mit einem kleinen Gewinn ab, dank der starken Leistung von Champagne und Italien. Innerhalb des "Liv-ex 1000" (-0,8%) sind alle Unterindizes gefallen, mit Ausnahme des "Rhone 100", der um 0,62% gestiegen ist. Die Daten des April-Berichts 2020 von "Liv-ex" bestätigen das zuvor Dargelegte: "Feiner Wein" bleibt stabil und hat wie Gold seinen Wert als sicherer Hafen in Zeiten großer Unsicherheit unter Beweis gestellt. Der Marktreport zeigt, dass der Hauptumsatz mit hochwertigen Weinen im März 2020 um 26% gestiegen ist und die Anzahl der Transaktionen Rekordniveau erreicht hat. Die Aktivität hat zugenommen, da der Großhandel zunehmend online ging und Händler ihre Prozesse immer stärker automatisieren wollten. Die Werte hochwertiger Weine in Pfund blieben ebenfalls relativ stabil. Im März gab es marginale Rückgänge von etwas mehr als 1% für beide "Liv-ex 100" und "Liv-ex 1000" Benchmarks, während der FTSE100 um -15,2% sank und der S&P 500 beeindruckende -11,8% verzeichnete. In seinen Unterindizes war der "Bordeaux Legends 40" der Hauptverlierer mit einem Rückgang von 2%. Nur der "Italia 100" Index konnte sein Niveau im März halten (+0,03%). Der italienische Index verzeichnete tatsächlich eine einjährige Rendite von 3,9%, was ihn zum absoluten Spitzenreiter in der Performance der "Liv-ex 1000" Unterindizes macht.